1.ª edición: mayo 2020

© Del texto y las ilustraciones: Lucía Serrano, 2020
© Grupo Anaya, S. A., 2020
Juan Ignacio Luca de Tena, 15. 28027 Madrid
www.anayainfantilyjuvenil.com
e-mail: anayainfantilyjuvenil@anaya.es

ISBN: 978-84-698-6578-1
Depósito legal: M-6352-2020
Impreso en España - Printed in Spain

PAPEL DE FIBRA
CERTIFICADO

Reservados todos los derechos. El contenido de esta obra está protegido por la Ley, que establece penas de prisión y/o multas, además de las correspondientes indemnizaciones por daños y perjuicios, para quienes reprodujeren, plagiaren, distribuyeren o comunicaren públicamente, en todo o en parte, una obra literaria, artística o científica, o su transformación, interpretación o ejecución artística fijada en cualquier tipo de soporte o comunicada a través de cualquier medio, sin la preceptiva autorización.

MISIÓN  PLANETA

¿Cómo es tu energía?

Lucía Serrano

ANAYA

¿Alguna vez has pensado en cómo se consigue la energía que enciende las luces de tu casa?

¿Y has pensando en la energía que se necesita para fabricar el pantalón que llevas puesto?

¿Cuánta energía hizo falta para que puedas desayunar esos cereales?

¿Qué cantidad de energía es necesaria para ver videos en un móvil?

Todo lo que haces implica un gasto de energía.
La necesitamos para producir lo que utilizamos.

También se necesita energía para ir de un sitio a otro.

Los materiales que se utilizan para obtener este tipo de energía son el carbón, el petróleo y el gas. Se llaman combustibles fósiles porque se formaron hace millones de años. El problema es que ya se están agotando.

La energía hidroeléctrica se obtiene con el movimiento del agua, no gasta materiales y no produce gases de efecto invernadero.

Pero se tienen que fabricar presas. Se cambia el paisaje y se inundan terrenos. Así que, tampoco se puede considerar energía limpia.

También están las centrales nucleares, donde tampoco se quema nada pero los residuos que producen contaminan mucho si no se gestionan bien. Además, una avería en estas centrales es muy peligroso.

¿Sabéis qué pasó en la central de Chernóbil?

Pero existen maneras no contaminantes de conseguir la energía. Las más utilizadas son la energía solar, que viene del sol, y la energía eólica, que se obtiene de la fuerza del viento.

Si tenemos el sol y el aire para obtener energía, ¿por qué se siguen empleando maneras tan contaminantes? Porque ha costado mucho dinero crear las infraestructuras para obtenerla. Además, las energías limpias no podrían proporcionar toda la energía que utilizamos actualmente.

Y... ¿qué puedes hacer tú para que esto cambie?

Puedes investigar de dónde viene la energía que utilizáis en casa. ¿Sabías que es posible elegir la empresa que te trae la energía?

Además de esto, puedes observar lo que haces en tu día a día para conocer tu **huella ecológica**. La huella ecológica mide cómo afecta lo que haces sobre el planeta, la contaminación que produces.

Si sabes lo que contaminas, se te pueden ocurrir ideas para ahorrar energía.

Investiga de dónde han venido los alimentos que hay en la nevera de tu casa. En ocasiones viajan grandes distancias para llegar a tu plato.
Y se gasta mucha energía

Siempre es mejor comer alimentos que se preparen en casa, que no estén envasados y que no vengan de muy lejos. Y que sean alimentos de temporada y de proximidad. ¡Ahorrarás energía!

¿Tu colegio esta cerca o lejos de casa? Si está cerca puedes ir andando o en bicicleta. Si está lejos puedes ir en transporte público, contaminarás menos que en coche.

¿Estrenas ropa cada dos por tres? ¿Te compran todos los juguetes que te apetecen? Para fabricar todas estas cosas se ha empleado mucha energía. Una manera de ahorrar energía es comprar menos y reutilizar.

Lo que haces en tu tiempo libre también puede aumentar o disminuir tu huella ecológica.

¿Cómo viajas cuando vas de vacaciones? Depende del medio de transporte que utilicemos nuestra huella ecológica será mayor o menor. Por ejemplo, el tren es menos contaminante que el avión.

Puedes investigar cómo viven las niñas y los niños en otros países del mundo y reflexionar si tu huella ecológica es mayor o menor que la de ellos.
Te puede dar ideas para mejorar.

Hay lugares del mundo donde no tienen electricidad y en vez de ver la tele se reúnen a contar historias. Es un momento mágico.

Es verdad que puedes hacer muchas cosas para ahorrar energía. Pero hay decisiones que las toman los adultos. Habla con ellos, explícales todo lo que has aprendido, para que también puedan cambiar sus hábitos.

Y cuando veas que la gente se manifiesta por el cambio climático, haz una pancarta bien bonita con cartones reciclados. Para que las personas que mandan en el mundo sepan que hay que cambiar ya.

¡Entre todos y todas podemos mejorar!